# ÉLOGE HISTORIQUE DE M. LE HUEN.

# ÉLOGE HISTORIQUE

DE

# M. LE HUEN

EXAMINATEUR DE LA MARINE, EN RETRAITE,

OFFICIER DE LA LÉGION D'HONNEUR,

MEMBRE DE LA SOCIÉTÉ ACADÉMIQUE DE ROCHEFORT,

PAR

## M. Amédée BOFFINET.

ROCHEFORT,

IMPRIMERIE CH. THÈZE, PLACE COLBERT.

1861.

MESSIEURS,

Étranger aux études, aux travaux, à la science qui ont été l'un des honneurs de l'éminent collègue que nous avons perdu, sans qualité pour en apprécier l'importance et en faire ressortir la valeur, j'ai résisté d'abord au vœu qui me désignait pour rappeler devant vous, comme le veut notre règlement, les principales circonstances de la vie si pleine et si pure qui vient de s'éteindre ; mais devant votre bienveillante insistance, j'ai dû incliner ma volonté, et, tout en regrettant ma trop réelle insuffisance, accepter cette honorable mission, parce que, à défaut de titre, j'avais en effet un droit, que vous avez voulu consacrer, — et je vous en remercie, — à vous parler de M. LE HUEN, un seul, mais un droit bien cher, celui d'une vieille amitié dont j'aurais été souvent tenté de m'enorgueillir, si je n'avais compris qu'au lieu de la devoir à moi-même et à un choix spontané, elle ne m'avait appartenu que comme un précieux héritage et en vertu d'une tradition de famille acceptée par lui.

Quand le cœur parle, l'esprit doit s'effacer. Que votre cœur donc, Messieurs, veuille seul écouter le mien vous entretenir intimement de l'homme de bien, du savant collègue, de l'ami que nous avons perdu

et que nous pleurons. Que nous pleurons ! je puis le dire ici sans
métaphore et en toute vérité ; car mes larmes n'ont pas tellement
voilé mes yeux que je n'aie pu voir couler les vôtres quand, réunis
autour de cette tombe qui allait se refermer, la voix si douloureuse-
ment émue et si éloquente de M. Hue vous rappelait quelques-uns
de ses titres à nos éternels regrets.

Pardon, Messieurs, si au début de cette notice, j'ai osé vous parler
de moi ; mais je l'ai cru nécessaire pour justifier à vos yeux comme
aux miens le choix que vous avez fait d'un simple agriculteur, et, au
point de vue de la science , du moins compétent d'entre vous, pour
vous faire l'éloge et la biographie de notre si regretté collègue.

Le 14 juillet 1790, à l'heure solennelle où la France célébrait par
la grande fête de la Fédération le premier anniversaire de la prise
de la Bastille, un enfant naissait à Paris , et mêlait ses faibles vagis-
sements au formidable concert que faisaient éclater dans les airs les
détonations de l'artillerie et les cris d'enthousiasme, par lesquels tout
un peuple en délire accueillait le serment de fidélité prêté par ses
députés et son roi à la nouvelle Constitution ; cet enfant était Jean-
Claude-Nicolas Le Huen.

De cet autel de la patrie , salué sur le Champ de Mars par ces
milliers de spectateurs comme le piédestal d'une liberté qui devait
être si féconde; du cœur d'une famille heureuse et glorieuse de la
naissance d'un fils , que d'actions de grâces, que d'espérances s'éle-
vaient vers le Ciel dans ce mémorable jour ; mais la tempête était
bien proche, hélas ! L'ouragan a passé, emportant à la fois et con-
fondant dans une même ruine , dans un commun désastre, les desti-
nées d'un empire et celles d'un enfant.

Il est des hommes devant lesquels s'ouvre à leur entrée dans la
vie une voie large et facile : une famille riche et puissante les en-
toure de ses soins et de sa tendresse, des amis les encouragent, mille
mains s'agitent pour écarter les rares obstacles qu'ils rencontreront et
pour applaudir dès qu'ils les ont surmontés ; applaudissons , nous

aussi, si leur mérite a pu les maintenir au sommet élevé qu'ils ont si aisément atteint.

Mais il en est d'autres auxquels tout a manqué, même l'amour et les consolations de l'ange du foyer qui s'appelle notre mère, cet amour si pur, l'unique refuge, la seule force de notre enfance. Confondus, à leur point de départ, dans la foule où s'agitent toutes les ambitions, toutes les prétentions dans leur plus sauvage manifestation, ceux-là, quand ils tentent d'en sortir, ne rencontrent autour d'eux que des adversaires, des rivaux, trop souvent des ennemis, dont l'ardeur malveillante et envieuse s'attache à leurs pas pour ralentir, pour entraver leur élan. Dans cette lutte inégale d'un contre tous, ils n'ont pour arme que leur énergie, d'autre levier que leur persévérance. Oh! quand ces hommes, après avoir vaincu toutes ces résistances, franchi tous ces obstacles naturels ou factices, sont parvenus au rang que leur assignaient leur savoir, leur intelligence ou leur génie, saluons avec respect, saluons bien bas, car dans notre justice nous devons mesurer notre estime et notre admiration non au succès lui-même, mais au courage et aux efforts qu'il a nécessités.

C'est dans la condition de ces déshérités de la fortune, de ces vaillants athlètes, que s'est trouvé placé M. Le Huen. Il appartenait bien, par sa naissance, à une famille titrée et autrefois puissante ; mais, entraînée par un sentiment du devoir, exagéré peut-être, respectable pourtant comme toutes les résolutions qui ont eu pour principe les impulsions de la conscience et de la conviction, cette famille, comme tant d'autres, était allée attendre dans l'exil volontaire de l'émigration le jour de la délivrance qui n'est pas venu pour elle.

Vous savez, Messieurs, dans quelles circonstances a eu lieu cette épidémie d'émigration. C'était au commencement de 1791 ; « les routes, dit M. Thiers dans son *Histoire de la Révolution*, étaient couvertes d'une noblesse qui semblait remplir un devoir sacré en courant prendre les armes contre sa patrie. Des femmes même croyaient devoir attester leur horreur contre la révolution, en abandonnant le sol de la France. Chez une nation où tout se fait par entraînement, on émigrait par vogue ; on faisait à peine des adieux, tant on croyait que le voyage serait court et le retour prochain. »

M. Le Huen père, officier de cavalerie, chevalier de Saint-Louis, jeune (il n'avait pas trente-cinq ans) et enthousiaste, devait naturellement partager ces illusions ; aussi, quand il partit pour aller mettre son épée au service de la cause qu'il avait embrassée, n'hésita-t-il pas à laisser son fils, trop faible pour le suivre dans tous les hasards de sa vie d'aventures, aux soins de la nourrice qui l'allaitait encore, et sous l'affectueuse protection d'une amie, M^{me} la baronne de Montmony. C'est cette dame qui, s'élevant à la hauteur de la confiance du père de famille et du droit que lui donnait le titre religieux de marraine qu'elle avait reçu au baptème de l'enfant, recueillit l'orphelin abandonné, et, par son affection dévouée, s'est efforcée de remplacer toutes celles qu'il avait perdues.

Les événements qui ont suivi appartiennent à l'histoire, aussi ne les rappellerai-je que pour constater l'influence qu'ils ont eue sur l'avenir du jeune homme. C'était, pour entrer dans la vie, une bien déplorable et bien funeste époque. Si encore, pour remplacer la vie de famille dont l'influence bienfaisante nous pénètre et nous suit toujours, et qui a manqué au pauvre enfant, il avait pu trouver un de ces établissements laïques ou religieux où une solide instruction dispose par une première culture le cœur et l'esprit, comme un terrain fertile, à recevoir et à féconder les semences qu'y verseront un jour l'étude, la réflexion et l'expérience ! Mais non, sous le sanglant niveau d'une chimérique égalité, tout ce qu'il y avait en France d'élevé par le cœur, l'intelligence ou le savoir, s'était abaissé ou avait disparu, emporté parmi tous les débris que chariait le torrent révolutionnaire. La religion elle-même, dernière et suprême consolation des douleurs humaines, la religion d'amour, de paix et de charité du Christ divin, s'était vue remplacer par l'ignoble culte de la déesse Raison, comme si cet odieux régime de la Terreur, nom dont il est resté si justement flétri dans l'histoire, avait tenu à honneur d'inscrire sur son fronton, comme le Dante à l'entrée de son Enfer : *Ici il n'y a plus d'espérance*. Car, dans les temples où, depuis tant de siècles, s'étaient exhalées par la prière les pures aspirations de la foi , la matière osant s'imposer aux adorations, avait détrôné le spiritualisme, c'est-à-dire l'âme , l'unique base de toute société qui veut vivre. Jamais désordre moral et physique n'avait été plus grand ; aussi, cette société, ébranlée jusque dans ses assises, semblait-elle, animée de vertige , se précipiter vers les abîmes qui s'entr'ouvraient déjà pour l'engloutir. Pour surnager dans cet immense naufrage, pour pouvoir atteindre seul, sans aide , sans guide, sans secours, un port qui pût être celui du salut, il fallait un esprit bien vigoureusement trempé, un cœur bien merveilleusement doué. Le Huen avait heureusement tout cela, et ce que nous ne saurions trop admirer, c'est qu'au milieu de cette désorganisation universelle, il ait pu, surmontant tous les obstacles qui devaient résulter de son isolement, diriger vers le bien ses éminentes qualités.

A sept ans, sa marraine le plaçait à Passy, dans un de ces rares établissements où l'enfance studieuse pouvait encore trouver un asile, et il y recevait une instruction élémentaire qui lui permettait, à quatorze ans, d'entrer dans la marine en qualité de novice ; six mois après seulement, quelques études spéciales le mettaient en mesure de soutenir un brillant examen, à la suite duquel il obtenait le grade d'aspirant.

La pente naturelle de son esprit l'entraînait certainement déjà vers les sciences mathématiques, où il devait un jour s'élever si haut; mais il eut le courage d'y résister, et, revêtissant la robe virile avant quinze ans! à cet âge si voisin de l'enfance que ce n'est pas encore celui de l'adolescence, il entra résolument, ne pouvant compter que sur lui-même, dans la vie pratique du travail lucratif, en se faisant militaire, parce que la nécessité a des lois impérieuses devant lesquelles tout fléchit; parce que déjà, sans doute, sa jeune dignité lui reprochait de vivre d'un pain qui devait lui sembler amer comme celui de la charité, puisqu'il ne le gagnait pas; peut-être aussi le bruit enivrant des combats, le premier qui eût frappé son oreille, les chants de victoire, les seuls qui l'eussent bercé, lui firent-ils prendre pour une vocation véritable le sentiment un peu confus qui le décida pour l'aventureuse carrière des armes.

Quoi qu'il en soit, il se consacra à l'accomplissement de ses devoirs avec le dévoûment et l'ardeur qui étaient un des côtés les plus saillants de cette nature d'élite, et vous allez en trouver la preuve dans le simple exposé que je puise dans ses états de services.

Embarqué aussitôt son admission, en 1805, sur le vaisseau le *Patriote*, il fit, sous les ordres de l'amiral Willaumez, une campagne remarquable plutôt par ses résultats moraux que matériels, car la petite flotte française tint en échec pendant plusieurs années quatre escadres anglaises, promenant dans toutes les mers, à travers les vicissitudes des tempêtes et de la fortune, le glorieux drapeau du jeune empire, du Cap de Bonne-Espérance au Brésil, à Cayenne, aux Antilles, partout enfin où il y avait une protection à donner, une nouvelle gloire à acquérir.

A son retour, en 1808, Le Huen passa en rade de Brest sur la frégate l'*Hortense*, puis sur le vaisseau le *Jean-Bart*. Retourné sur l'*Hortense* à la fin de la même année, nous le trouvons au premier poste du danger, concourant par son courage et son sang froid à repousser l'attaque des Anglais dans la rade de l'île d'Aix. Pendant la mémorable et sinistre nuit du 11 au 12 avril 1809, il parvint même, presque seul, à détourner deux des brûlots lancés contre notre flotte.

Aspirant de première classe quelque temps après cette action d'éclat, il fut embarqué sur le vaisseau le *Triomphant*, de 1811 à 1813, et, malgré sa jeunesse, on lui confia dans cet intervalle le commandement d'une péniche, avec laquelle, sur la même rade de l'île d'Aix, il soutint trois engagements très vifs contre des embarcations anglaises, engagements pendant lesquels plusieurs de ces dernières furent coulées.

Avec la frégate la *Pallas*, il resta en croisière aux Açores du 24 août 1813 au 11 février 1814. Enfin, ce jour-là, il prit le commandement de la goélette la *Bonne-Foi*, armée en cartel, et reçut l'ordre d'aller traiter d'un échange de prisonniers avec les Anglais ; là, Messieurs, s'est terminée, après dix ans de mer et de combats non interrompus, la carrière active du marin ; car, malgré son pavillon parlementaire, contre le droit des gens, contre les lois de l'honneur, respectées par tous les peuples civilisés, mais au-dessus desquelles les insulaires de la vieille Albion, surnommée à si juste titre la perfide, n'ont jamais manqué de se placer, chaque fois surtout qu'il s'est agi de la France, il fut capturé et retenu prisonnier de guerre par une division sous les ordres de l'amiral Cochrane (*).

Rendu à la liberté quelques mois après, par la paix qui suivit, Le Huen fut attaché au port de Rochefort.

C'est ici, Messieurs, dans notre ville, que l'homme excellent dont je viens de vous esquisser l'existence si tourmentée, rencontra enfin le repos, la patrie et la famille que le Ciel jusque-là lui avait si impitoyablement refusés, et que son cœur si bon, si affectueux, put enfin épancher les trésors de tendresse qu'il y tenait amassés.

L'école d'hydrographie avait pour professeur, dans ce temps-là, un homme d'un haut mérite que toutes les qualités du cœur et de l'esprit recommandaient à l'estime et à l'affection de ses concitoyens. Quelques-uns d'entre vous, Messieurs, l'ont sans doute connu, et pour mon compte, je conserve de cet excellent vieillard le plus précieux souvenir. M. Lesueur, resté veuf avec deux jeunes filles, ne s'en était jamais séparé et s'était consacré tout entier aux soins de leur éducation.

Admis dans le sanctuaire de cette famille, M. Le Huen y trouva ce qui lui avait toujours manqué, ce qu'il avait si vainement cherché, la paix du foyer domestique, le charme d'une douce intimité. Dans

---

(*) Dans notre joyeux pays, où l'on plaisante de tout, on a trouvé une circonstance atténuante à ce fait odieux et brutal, dans le nom symboliquement original de la goëlette *la Bonne Foi*, et on a dit que Messieurs les Anglais avaient trouvé l'occasion trop bonne pour la laisser échapper et n'avaient pu résister à la tentation de se procurer enfin ce qui leur avait toujours manqué, — *la bonne foi !*

ses rapports journaliers avec l'homme supérieur, avec le modeste savant qui l'avait si affectueusement accueilli , le sentiment de sa valeur se dégagea; il comprit plus nettement les aspirations, les tendances de sa haute intelligence. Avide d'instruction , et renonçant sans regret à une carrière si brillamment commencée, il donna sa démission, qui fut acceptée, le 1<sup>er</sup> mai 1815, pour se livrer tout entier à l'étude des attrayantes sciences dont il n'avait encore entr'ouvert que la première page.

Quelques jours plus tard, en le mariant avec sa plus jeune fille, M. Lesueur consacrait le titre de fils qu'il lui avait déjà donné dans son affection.

Heureux les peuples qui n'ont pas d'histoire! a dit un philosophe, heureux surtout, dirai-je après lui, l'homme dont la vie peut être écrite en quelques lignes !

Le bonheur, ce rêve doré, cette chimère que nous poursuivons si vainement et par des chemins si divers, fut pourtant le partage de notre ami, et pendant trente années de l'union la plus intime et la plus fortunée , à peine quelques nuages passagers s'élevèrent-ils sur l'azur de son ciel. Peu de mots me suffiront donc pour résumer cette époque de la vie que j'essaie de vous raconter.

La carrière scientifique qu'il devait parcourir avec tant de distinction, fut ouverte à M. Le Huen par les humbles fonctions de répétiteur de mathématiques, le 1<sup>er</sup> mars 1816; puis il devint professeur de l'école de maistrance du port; enfin, le 1<sup>er</sup> juillet 1821, il fut jugé digne de succéder à son beau-père , que l'âge et les infirmités condamnaient à la retraite, et il passa d'emblée à la première classe du professorat, chargé en outre, comme directeur, de l'Observatoire de la marine.

Partagée entre ses travaux et ses études scientifiques, des distractions littéraires et artistiques , et les soins qu'il consacrait à l'éducation de deux charmantes jeunes filles que Dieu lui avait accordées, sa vie s'écoula douce et tranquille autant que modeste, jusqu'au 1<sup>er</sup> novembre 1834, époque à laquelle un de ces nuages dont j'ai parlé tout à l'heure, troubla la sérénité de son horizon jusque-là si pur. Les exigences du rang qu'il occupait parmi les professeurs d'hydrographie lui firent imposer la résidence supérieure de Nantes. Cet avancement, car c'en était véritablement un, fut considéré par lui comme un exil, et lui apporta une très vive contrariété. Il lui fallait abandonner Rochefort, sa patrie d'adoption, les amis dévoués qu'il avait su s'y faire, rompre avec de chères habitudes, se séparer surtout de sa fille aînée qui venait d'épouser un jeune chirurgien de la marine ; ce fut avec chagrin qu'il dut obéir ; mais, peu de temps après, il avait déjà conquis dans l'estime de ses nouveaux concitoyens le rang élevé que devaient lui faire obtenir partout ses éminentes qualités, et d'autres amitiés qui l'avaient chaleureusement accueilli, sans lui faire oublier les anciennes, avaient adouci ses regrets.

Enfin, le 29 septembre 1839, sans autre recommandation, sans autre protection que son mérite et ses services, il obtenait le grade supérieur d'examinateur de la marine, et s'empressait de venir reprendre parmi nous sa place restée vide dans nos affections.

A cette occasion, je retrouve au fond de mes plus lointains souvenirs une anecdote que je vous demande la permission de raconter, parce que je crois que le fait qui s'y rattache n'a pas été sans influence sur l'avenir de M. Le Huen.

Vers l'année 1825, M. le baron Charles Dupin eut l'idée de faire faire aux ouvriers, par les professeurs d'hydrographie, un cours gratuit et public dans lequel on leur enseignait la géométrie et la mécanique appliquées aux arts et métiers, au moyen de figures de bois en relief qui, parlant à la fois aux yeux et à l'esprit, devaient laisser dans la mémoire une impression plus durable que celle qui aurait été produite par des dessins ordinaires sur surface plane. Comme dans toutes les institutions de création récente, il y eut d'abord des essais, des hésitations, des tâtonnements ; et une correspondance, dans laquelle M. Dupin trouva une énergique opposition à quelques-unes de ses vues, opposition justifiée d'ailleurs par des aperçus aussi nouveaux que lumineux, s'établit entre lui et le jeune professeur de Rochefort.

Celui-ci dut céder cependant, car, en semblable conflit, un chef n'a jamais tort ; mais, comme les événements, qui n'ont pas cette condescendance, se chargèrent de lui donner raison en justifiant toutes ses prévisions , M. Dupin conçut dès lors une très haute opinion de son contradicteur.

Quelques années plus tard, M. LE HUEN, se trouvant à Paris, voulut voir par lui-même comment le célèbre professeur joignait l'exemple au précepte, et se présenta à son cours. La leçon fut d'une faiblesse déplorable, et l'impression que M. LE HUEN en ressentit se traduisit sans doute sur son expressive physionomie, car M. Dupin , qui avait été frappé de la haute mine, de la figure si intelligente et si distinguée de ce nouvel auditeur , et qui s'était senti mal à l'aise sous le poids de ce regard profond et incisif que nous avons tous éprouvé, après s'être informé de son nom, s'approcha de lui et lui dit : « Monsieur le professeur, franchement, vous ne devez pas être content de moi ; mais veuillez revenir à ma prochaine leçon. » Effectivement, Messieurs, au jour indiqué, la science, qui voulait plaire et qui est quelquefois un peu femme de ce côté, se fit coquette, et déployant toutes grâces et toutes ses séductions, refit la conquête de cet adorateur ses désenchanté. A partir de ce moment, ces deux hommes, qui avaient su s'apprécier , conçurent l'un pour l'autre une estime qui ne s'est jamais démentie, et je suis convaincu que M. Dupin, quoiqu'il n'en soit pas convenu, n'a pas été étranger à l'acte d éclatante justice qui a fait de M. LE HUEN un des deux examinateurs de notre marine française.

Chevalier de la Légion d'honneur le 1er janvier 1835, officier dans le même ordre le 26 avril 1846 ; sa dernière fille venait de faire un mariage d'inclination avec un jeune officier de marine de grande espérance ; recevant, en outre, de sa conscience, le glorieux témoignage qu'il devait tout à lui-même , ses honneurs, son rang, son aisance, l'estime et la sympathie universelle , LE HUEN avait atteint le sommet des félicités humaines.

Mais, hélas ! toutes les expériences ne l'ont que trop proclamé, la vie n'est qu'une épreuve ; et il est un messager céleste de paix et de miséricorde , malgré sa rigueur, qui viendra nous en faire souvenir, en nous révélant son but rationnel et philosophique , quand, comblés des biens et des gloires de ce monde, nous serions tentés de l'oublier : c'est la douleur, douleur du corps ou douleur de l'âme, quelquefois séparées, le plus souvent réunies dans une terrible étreinte, et que nul ne saurait éviter, car nous appartenons à la douleur par la toute puissante volonté de Dieu, puisqu'il nous a faits si complets pour la ressentir, tandis qu'il ne nous a donné pour la joie et le bonheur que des organes si rares et si imparfaits. O douleur ! toi qui ébranlas autrefois la constance de Job ; problème insoluble, qu'es-tu donc ? quel est donc le mot de l'énigme que tu proposes à l'humanité? Envisagée au point de vue de la philosophie matérialiste, tu es le mal, car tes fruits, le doute, le désespoir, le suicide, sont empoisonnés. Plus élevée, plus nette, plus consolante surtout, la philosophie spiritualiste, formulée par le christianisme dans sa plus haute expression , nous dira au contraire : la douleur, qui fait partie de l'harmonie universelle comme élément nécessaire du perfectionnement des êtres moraux, est le bien, quoique notre raison ne puisse la comprendre dans toutes ses manifestations.

L'heure de la douleur et des épreuves devait donc sonner pour LE HUEN ; car Dieu, qui ne laisse jamais imparfaite l'œuvre qu'il a commencée, et qui, selon l'expression de Saint Augustin , frappe l'âme qu'il veut dompter jusqu'à ce que, meurtrie, elle se soit rendue à lui , n'a pas épargné épreuves et douleurs à cette âme , d'autant mieux préparée à les recevoir et à les ressentir, qu'elle était plus sensible et plus aimante. Les morts successives d'un fils au berceau, d'un petit-fils et de deux petites-filles, brisèrent son cœur ; mais qui pourrait sonder les abîmes de désespoir qui s'y sont ouverts, quand sa fille bien-aimée, M^me Gizolme , dans tout l'éclat de sa jeunesse, dans tout l'épanouissement des charmantes qualités qui la rendaient si chère à tous ceux qui l'ont connue, a été enlevée à son immense tendresse? Je ne le tenterai pas, Messieurs, car il est des douleurs si profondes, si intenses , qu'elles sont muettes, parce que le langage humain, qui n'a pu les prévoir, manque d'expressions pour les formuler. A plus forte raison, la plume est-elle impuissante à les retracer. Mais elles ont eu sur le reste de la vie de notre ami une influence considérable qu'il me reste à constater.

Les études de M. Le Huen, déjà chrétien par le milieu dans lequel il avait vécu et s'était développé, l'avaient porté dans la philosophie, dans l'histoire, dans les sciences, aussi loin qu'il est permis à l'esprit de l'homme de s'avancer; mais, quand il demanda à ces puissances de la terre les forces et les consolations sans lesquelles il voyait bien qu'il succomberait dans sa lutte avec la douleur, il comprit, en les sentant fléchir, leur impuissance et leur inanité, et ce fut naturellement dans la religion qu'il alla les chercher, non dans une religion de mysticité ou de pur sentiment qui n'aurait pu satisfaire cet esprit positif, rendu plus exigeant encore par la nature abstraite de ses occupations, par ses habitudes professionnelles, mais dans une conviction qui fût le résultat du raisonnement, de la plus rigoureuse logique; et donnant à sa puissante intelligence une nouvelle direction, il la poursuivit, avec la ténacité de volonté que nous avons déjà admirée en lui, dans les Livres sacrés, dans les Pères de l'Eglise, dans tous les écrits philosophiques. Déjà il avait été préparé à cette étude par un pieux artifice de M<sup>me</sup> Gizolme qui, peu de temps avant sa mort, comprenant, par une touchante intuition, les troubles et les besoins de l'âme qui lui était si chère, avait dit un jour à son père : « Tu devrais bien me rendre le service de lire un livre que je viens de recevoir, et dont le titre *(Etudes philosophiques sur le christianisme,* par M. Nicolas) m'intimide, afin de me dire si je puis en entreprendre la lecture. » M. Le Huen, qui avait compris le but que se proposait surtout l'affectueuse sollicitude de sa fille, sourit, et prenant le livre offert, le médita avec la profondeur de l'attention la plus émerveillée; car, jusque là, étranger comme nous — hommes du monde, entraînés par les intérêts matériels — le sommes malheureusement presque tous, à la grande science théologique, — une foule de faits, de raisonnements et de preuves dont il soupçonnait à peine l'existence, se déroulèrent devant son esprit et le captivèrent.

La voie ainsi ouverte, il y marcha résolument, et Dieu bénit ses efforts; car, par les plaies que la douleur y avait creusées, bientôt pénétrèrent dans ce cœur dévasté, avec la lumière, ses trois compagnes inséparables, la Foi, l'Espérance et la Charité.

Dès lors, apôtre fervent de cette dernière vertu , car ses propres douleurs lui avaient révélé la science qui fait comprendre celles des autres, nous trouvons M. Le Huen associé à toutes les œuvres qui ont pour but la glorification de Dieu et le soulagement de l'humanité, partout où se rencontrait une souffrance physique ou morale à adoucir, une misère à combattre. Président de la Conférence de Saint-Vincent de Paul , dont il a été l'un des fondateurs dans notre ville, et qu'il dirigeait avec tant de dévoûment et de zèle éclairé, sa main toujours ouverte répandait l'aumône, sans être arrêtée par les privations qu'il lui fallait trop souvent s'imposer ; et , quand cette main était vide, son cœur, toujours si plein de la brûlante charité chrétienne, savait trouver, aumône plus bienfaisante encore, de ces paroles éloquentes et persuasives, de ces encouragements, de ces consolations qui, semblables aux rayons vivifiants du soleil, allaient pénétrer jusqu'à l'âme malade et découragée pour fondre le rempart de glaces dont elle était comme murée, et y féconder le germe atrophié d'une vertu qui n'attendait que cette douce chaleur pour se dégager et fleurir au jour.

Pour vous mieux exprimer comment il avait compris la sainte mission qu'il s'était donnée, je ne puis résister au désir de le laisser parler lui-même, en détachant d'un des charmants discours qu'il prononçait quelquefois comme président, au sein de notre Conférence, un court passage, modèle de style et de pensée, comme tout ce qui est sorti de sa plume.

Après quelques considérations générales sur les devoirs qu'impose le titre de chrétien, il ajoutait : « La voix de l'aumône , il est vrai, « se fait encore entendre pour quelques misères pressantes, mais elle « se fatigue et s'éteint; il n'y a que l'humble voix de la charité « chrétienne qui ne se lasse jamais et supporte sans murmure et avec

« résignation les amers dégoûts .dont souvent elle est abreuvée. Ah!
« c'est que de l'aumône humaine à la charité divine, il y a toute la
« distance qui sépare l'homme de son divin Sauveur. L'aumône ne
« peut donner que quelques secours matériels; la charité chrétienne,
« pour laquelle ce secours n'est que l'accessoire, va chercher l'âme,
« lui parle une langue qui la vivifie, fait vibrer des cordes, muettes
« jusqu'alors, la dégage des liens de l'asservissement matériel, et lui
« ouvre la voie de l'espérance, en lui faisant entrevoir, ailleurs que
« sur cette terre de misère et de larmes, la récompense des maux
« qu'elle a soufferts, qu'elle souffre et qu'elle doit souffrir ici-bas.
« Comprenons donc profondément, mes bien-aimés confrères, que
« c'est à l'âme du malheureux qu'il faut nous adresser; c'est dans
« cette douce communication de cœur à cœur que doit par dessus
« tout consister la visite du véritable disciple de l'immortel Saint
« Vincent de Paul..... Il commence par descendre jusqu'à son pauvre
« pour l'élever jusqu'à lui, et Dieu dans sa toute bonté fait le
« reste..... »

Entraîné par l'élan de mon cœur, par le charme involontaire que
j'éprouve à vous parler d'un ami qui me fut si cher, de mon second
père, comme il se plaisait si souvent à le dire lui-même, j'ai, je le
crains, Messieurs, abusé de la bienveillante attention que vous m'avez
prêtée, et dépassé de beaucoup les limites dans lesquelles j'aurais dû
me restreindre. Que le sentiment d'affection et de vénération auquel
j'ai obéi me vaille votre indulgence et me fasse pardonner ce manque
de réserve !

Du reste, j'ai à peu près fini, car après avoir, dans la sincérité de
ma pensée, essayé de vous montrer tel que je l'ai connu, le marin,
l'homme de la famille, le savant, le chrétien, il ne me reste plus, pour
compléter ma tâche, qu'à énumérer quelques-unes des fonctions
civiques dont les concitoyens de M. Le Huen ont honoré sa vie.

Après la révolution de 1830, plusieurs jeunes gens de Rochefort,
réunis en compagnie d'artillerie de la garde nationale, le choisirent
à l'unanimité pour les commander et les instruire. Du 15 octobre 1840

au 26 septembre 1843 , époque de sa démission, il commanda en chef toute la milice citoyenne. Conseiller municipal depuis 1833, souvent adjoint, et maire par intérim, il n'a cessé d'apporter à l'administration de nos édiles le concours le plus utile et le plus dévoué. Ses services ont encore laissé là, Messieurs, d'impérissables souvenirs.

Notre Société d'Agriculture, des Belles-Lettres, Sciences et Arts, dont il était, par la date de sa nomination, remontant à 1816, le membre le plus ancien, lui a confié bien souvent le fauteuil de la présidence, qu'il savait occuper avec tant d'autorité et de distinction, et nos archives contiennent un grand nombre d'analyses, de travaux scientifiques, littéraires et même poétiques, pour la plupart d'une grande valeur.

Enfin, l'Académie de Nantes le comptait aussi parmi ses membres depuis 1835.

Prévenus par moi de mon insuffisance au commencement de cette notice, vous ne vous étonnerez pas, Messieurs, de la lacune regrettable que je laisse subsister, en mentionnant à peine, et sans pouvoir les apprécier, les titres que les travaux de LE HUEN sur les sciences exactes lui avaient donné à la haute estime des savants. Je vous dirai seulement qu'il m'a parlé quelquefois d'une étude considérable sur les mathématiques transcendantes que sa modestie avait condamnée à ne paraître qu'après sa mort, et dont le manuscrit se trouvera, je l'espère, parmi ses papiers ; et qu'on a aussi de lui un mémoire imprimé en 1834 : *Sur le moyen d'atténuer l'effet des erreurs provenant du loch et de la boussole dans les relèvements.*

Atteint par la mesure inflexible de la limite d'âge, qui le condamnait à l'inaction de la retraite à 65 ans, dans la plénitude de sa science, dans la maturité de son expérience des hommes et des choses, il en fut profondément affecté, et voulut, par des travaux manuels de culture horticole, donner un nouvel aliment, une nouvelle direction à son activité jusque là concentrée dans ses études de cabinet. Ces travaux, auxquels aucun exercice préalable ne l'avait préparé, ont, je le crains, abrégé sa vie ; et, après une maladie de langueur qui, à son début, n'avait pas inquiété ses amis, mais sur l'issue de laquelle il ne se faisait aucune illusion, LE HUEN s'est endormi doucement dans l'éternité le 23 février dernier, à une heure du matin, dans sa 70e année, entouré de toutes les consolations qu'une âme comme la sienne pouvait puiser dans l'affection désolée de la famille si chère qui l'entourait, dans les suprêmes espérances des secours de la religion.

En terminant, Messieurs, je vous demande la permission de citer une réflexion de M. Thiers, parce qu'elle me semble résumer en quelques mots et caractériser admirablement la vie si pure dont je vous ai fait l'imparfaite esquisse. Rendu sceptique à l'endroit de la perfection par la dissection du cœur humain, à laquelle il a dû se livrer en sa qualité d'historien pour descendre des grands effets aux petites causes, M Thiers a dit : « Il faut que l'orgueil humain soit placé quelque part ; la vertu consiste à le placer dans le bien. » — Ce fut là le seul orgueil de M. LE HUEN, orgueil bien grand, convenons-en, Messieurs, s'il fut à la hauteur de sa rare vertu et du bien qu'il a fait en passant sur cette terre.